なんでもない日の
洋風ごちそうおつまみ

Ai Horikawa
（ai_mogmog）

はじめに

　お酒が好きな私は、よく家に友人を招いて
家飲み会をします。外で食べるごはんも大好
きだけど、時間や周りを気にしなくてよくて、
その場にいる人たちとの距離がもっと縮まる
気がする家飲みが、とても好きです。
　でも、ずぼらな私は下準備が必要な手の込
んだ料理は面倒なので、作るのは簡単なもの
ばかり。自分も一緒にその時間を楽しみたい
ので、なるべく短い時間で作れるというの
も大事なポイントです。簡単でも、ちょっと
ハーブやスパイスを使ってみたり、盛り付
けを工夫してみたりすれば、おもてなし料理
に大変身。SNSに家飲みの様子を投稿したら、
「作ってみたい！」という声をたくさんいただ
きました。そんなレシピをまとめたのがこの
本です。
　おつまみはお菓子と違ってレシピに忠実じゃ
なくても作れるので、ぜひ自分なりにアレンジ
してみてください！
　この1冊で、家飲みがもっと楽しくなれば
嬉しいです。

CONTENTS

Chapter 3　　温かいおつまみ

Chapter 4　　肉と魚

Chapter 5　　ごはんと麺

Chapter 6 　食後のデザート

Chapter 7 　ドリンク

家飲みのマイルール

来てくれた人によろこんでもらえるように。
もちろん自分も楽しめるように。
私がおつまみを作る時のこだわりをご紹介します。

Rule 1

飲みながら作って出せる
簡単なものを

友人を招いて家飲みする時は、私も
お酒を飲みながら料理を作って出す
スタイル。簡単で時間のかからない
レシピが一番！

Rule 2

ハーブやスパイスをきかせて
お酒に合う味に

どうってことない一品も、ハーブや
スパイスを上手に使うと、ぐっと
お酒に寄り添ってくれるおつまみに。

Rule 3

器や盛り付けにもこだわると
料理がより華やかに

器ひとつで料理の印象はぐっと変わります。
質感のある器を使うのがおすすめ。なるべく
スペースに余裕を持って盛り付けることで、
洗練された雰囲気に。

おつまみ作りに揃えておきたい 調味料・食材

この本に登場する、私がおつまみ作りによく使う
調味料や食材をご紹介します。
素材の味を引き立て、料理をランクアップしてくれます。

A. 塩

塩は、料理に合わせて好みのものを使ってOKです。

B. 粗びき黒こしょう

ひき立てのこしょうは香りが段違い。ぜひ粒こしょうをペッパーミルでひいて使ってください。

C. 白ワインビネガー

白ぶとうを原料とする酢です。フルーティーであっさりとした爽やかな酸味が特徴。

D. バジルペースト

バジルと松の実、にんにくをすり潰し、オリーブオイルとパルミジャーノチーズを加えたペーストです。パスタやリゾット、カプレーゼやサラダなど、使い道はいろいろ。

E. 白ワイン

魚介の臭み消しや、香りづけに使います。基本的には安価なもので充分です。

F. 粒マスタード

種入りのマスタードで、ほどよい辛みと独特の酸味を持ちます。つぶつぶ食感もアクセントに。

G. ディジョンマスタード

なめらかでクリーミーな舌ざわりのマスタード。辛み、酸味はマイルドです。

H. エキストラバージン　　オリーブオイル

サラダや前菜などは、使うオリーブオイルで仕上がりが全く違うので、ぜひおいしいものを。遮光瓶のものがおすすめです。

I. ケッパー

酢漬けや塩漬けのものを使います。独特の風味を持ち、酢漬けのものは酸味がアクセントに。塩漬けのものは塩を洗って使います。

J. トリュフオイル

トリュフの香りをつけたオイルです。仕上げに少しかけるだけで、なんともぜいたくな味わいに。

K. アンチョビ

イワシの塩漬けで、強い塩気と旨味があります。料理にコクを加えるのに使います。

L. バルサミコ　　クリーム

バルサミコ酢を凝縮し、とろりとしたクリーム状にしたものです。酸味はまろやかで、甘みがあり、そのままかけたり、隠し味に。

M. ブラックオリーブ

完熟したオリーブで、塩漬けにしたものを使います。種抜きのものが便利です。

N. 米油

米から抽出される、クセのない淡白な風味の植物油です。高温でも劣化しにくいので、揚げものなどにもおすすめ。なければ他の油でもOKです。

おつまみ作りに欠かせない
チーズ・乳製品

そのままつまんだり、料理に使ったりと重宝するチーズ。
たくさんの種類がありますが、中でも料理に使いやすいチーズと乳製品をご紹介します。

A. パルミジャーノチーズ

粉状で売られているものより、かたまりのパルミジャーノチーズをすりおろした方が圧倒的に風味がいい！　ぜひかたまりを使ってみてください。

B. サワークリーム

生クリームを乳酸菌で発酵させて作る、クリーム状の乳製品。強い酸味が特徴で、スイーツにも料理にも使われます。

C. カマンベールチーズ

外側が白カビで覆われた柔らかいチーズです。クリーミーな食感と濃厚な旨味が特徴で、そのままでも料理に使っても。チーズプレートやパンに合わせて。

D. クリームチーズ

料理にもデザートにも使われる万能なチーズ。なめらかな舌ざわりとまろやかな味わいが特徴。そのまま食べてもおいしいですが、ハーブなどと組み合わせて、風味づけすることもできます。

E. ゴルゴンゾーラチーズ

イタリアの青カビチーズで、熟成によってより濃厚でピリッとした味わいを持つようになります。クセはありますが、フルーツやはちみつなと、甘みのあるものとよく合います。

F. ピザ用チーズ

加熱すると溶けてよく伸びるシュレッドタイプのチーズ。ピザやパスタ、グラタンを作る時のマストアイテム。

G. モッツァレラチーズ

モチモチとした食感と、クリーミーな味わいが特徴。サラダやサンドイッチなど、そのまま食べてもおいしいし、加熱すると伸びるので、パスタやピザなどにもおすすめです。

料理をランクアップする
ハーブ＆スパイス

香りや風味をつけるのはもちろん、
彩りをプラスして食欲をそそるアクセントとしても重宝する
ハーブやスパイス。簡単な一皿も、
素敵なおつまみに変身します。

H. タイム

加熱しても香りや風味
が落ちにくく、野菜料
理や肉料理によく使わ
れます。スッとする
香りが特徴。

I. ローズマリー

肉料理の臭み消しや
ローストした野菜の風
味づけのほか、パンや
お菓子作りにも使われ
ます。すっきりとした
強い香りが特徴です。

J. ピンクペッパー

ピンクの粒状のスパ
イス。黒こしょうより
も辛みはマイルドで、
かすかな甘みがありま
す。味のアクセントに。

K. ディル

繊細な葉を持つハーブ
で、魚料理やサラダ、
スープなどに使われま
す。爽やかな香りと軽
やかな味わいが特徴。

L. バジル

パスタ、ピザ、サラダな
ど、幅広く使われる身近
なハーブ。バジリコとも
呼ばれます。甘い香りが
特徴です。

M. イタリアンパセリ

料理の風味づけや彩りに
使われます。一般的なパ
セリよりも苦みが少なく、
スープやソース、肉料理
などによく合います。

N. レモンゼスト

レモンの皮をすりおろし
たもの。爽やかな香りの
アクセントに。レモンは
国産の無農薬のものをよ
く洗ってから使ってくだ
さい。

本書の使い方

タコときゅうり、トマトのサラダ

夏に食べたいさっぱりとしたサラダ。
きゅうりは叩くことでドレッシングがよく絡みます。

材料(2人分)

きゅうり	1本
蒸しダコ	60g
トマト	½個
A ディル(ざく切り)	適量
レモン汁	¼個分
エキストラバージンオリーブオイル	大さじ1
白ワインビネガー	大さじ½
塩	小さじ⅓
粗びき黒こしょう	適量
ディル(ざく切り・トッピング用)	適量
ピンクペッパー	適量

作り方

1　きゅうりは縞目に皮を剝いてポリ袋に入れ、麺棒で叩いて一口大にする。

2　タコ、トマトは食べやすい大きさに切る。

3　ボウルに1、2を入れ、Aを加えてさっくりと混ぜる。器に盛り、ディル、ピンクペッパーをちらす。

memo　白ワインビネガーの代わりにホワイトバルサミコビネガーを使うと、酸味がまろやかになります。

Point

盛り付ける前に、必ず味見をしてください。おいしく作るには塩加減が重要です。味をみながら少しずつ塩を加えることが、うまく仕上げるポイントになります。

料理を作るうえでのポイントや追加情報は、memoとしてご紹介。

コツが必要な工程には写真を掲載。

- 材料の表記は1カップ＝200ml(200cc)、大さじ1＝15ml(15cc)、小さじ1＝5ml(5cc)です。
- 塩の分量は、「少々＝親指と人差し指の2本指でつまんだ量(約0.5g)」「ひとつまみ＝中指も入れた3本指でつまんだ量(約1g)」と表記しているものがあります。
- 電子レンジは600Wを使用しています。
- レシピには目安となる分量や調理時間を表記していますが、様子をみながら加減してください。
- 飾りで使用した材料は明記していないものがあります。お好みで追加してください。
- 野菜類は、特に指定のない場合は、洗う、皮を剝くなどの下準備を済ませてからの手順を記載しています。
- 火加減は、特に指定のない場合は、中火で調理しています。

Chapter 1

すぐできる
サラダ

salad

切って和える、かけるだけの
簡単サラダで、まずは乾杯！
たっぷりの野菜に
生ハムやフルーツをプラスした
華やかなサラダに
気分が盛り上がります。

アボカドとクレソン、しらすのサラダ

いつ誰に作っても大人気、アボカドがメインのこってり濃厚なサラダ。
クレソンをたっぷりと混ぜ込むのがポイント。

材料 (2人分)

アボカド	1個
クレソン	1パック（約50g）
しらす干し	30g
バジルペースト	15g
タイムの葉	適量
塩	適量
粗びき黒こしょう	適量
タイム、しらす干し（トッピング用）	各適量

作り方

1 アボカドは一口大に切り、クレソンはざく切りに
　してボウルに入れる。

2 しらす、バジルペースト、タイムの葉を加え、全体
　をさっくりと混ぜる。塩、こしょうを加えて味を
　調えたら器に盛り、しらすとタイムをのせ、こし
　ょうをふる。

マンゴーとにんじん、パクチーのラペ

エキゾチックな夏らしいサラダ。
マンゴーの甘さとスパイシーなクミンが合う。

材料 (2人分)

マンゴー	½個
にんじん	1本(約150g)
パクチー	2〜3株
クミンシード	小さじ1
塩	小さじ½
白ワインビネガー	大さじ1と½
好みのナッツ(粗く砕く・好みで)	適量
エキストラバージンオリーブオイル	大さじ½
パクチー(トッピング用)	適量

作り方

1 フライパンにクミンを入れて弱火にかけ、少し色が変わり、香りが出てくるまで3分ほど乾煎りする。

2 にんじんはスライサーでリボン状に削り、ボウルに入れる。1、塩、白ワインビネガーを加えてサッと混ぜ、5分ほど置いて軽く水気をきる。

3 マンゴーは角切り、パクチーはざく切りにし、2に加えてさっくりと和える。好みでナッツを加え、オリーブオイルを加えて和える。器に盛り、パクチーをのせる。

ぶどうと生ハムのサラダ

シャインマスカットのある季節にぜひ作ってほしい一品。
生ハムの塩気とぶどうの甘さがほどよいアクセントに。

材料 (2人分)

ぶどう (シャインマスカット)	————	80g
ベビーリーフ	————	1袋
A	白ワインビネガー ————	大さじ ½
	エキストラバージンオリーブオイル —	大さじ ½
	レモン汁 ————	小さじ ½
	塩 ————	ひとつまみ(1g)
モッツァレラチーズ	————	1個
生ハム	————	2〜3枚
塩 (好みで)	————	適量
粗びき黒こしょう	————	少々
ディル (ざく切り)	————	適量
レモンゼスト	————	適量

作り方

1 ボウルに半分に切ったぶどうとベビーリーフを
   入れ、Aを加えてサッと和える。

2 器に1、ちぎったモッツァレラチーズをバランス
   よくのせ、塩をふる。生ハムをちぎってちらす。

3 こしょうをふり、ディル、レモンゼストをちらす。

タコときゅうり、トマトのサラダ

夏に食べたいさっぱりとしたサラダ。
きゅうりは叩くことでドレッシングがよく絡みます。

材料 (2人分)

きゅうり		1本
茹でダコ		60g
トマト		½個
A	ディル(ざく切り)	適量
	レモン汁	⅛個分
	エキストラバージンオリーブオイル	大さじ1
	白ワインビネガー	大さじ½
	塩	小さじ⅓
	粗びき黒こしょう	適量
ディル(ざく切り・トッピング用)		適量
ピンクペッパー		適量

作り方

1 きゅうりは縞目に皮を剥いてポリ袋に入れ、麺棒
   で叩いて一口大にする。

1

2 タコ、トマトは食べやすい大きさに切る。

3 ボウルに 1、2 を入れ、A を加えてさっくりと
   混ぜる。器に盛り、ディル、ピンクペッパーをち
   らす。

memo

白ワインビネガーの代わりにホワイトバ
ルサミコビネガーを使うと、酸味がまろ
やかになります。

マッシュルームのサラダ

シンプルだけど、はずさない一品。
仕上げにトリュフオイルをかければ、お店のおいしさに。

材料 (2人分)

マッシュルーム
―――― 1パック (6〜8個)
パルミジャーノチーズ、
塩、粗びき黒こしょう
―――――――― 各適量
イタリアンパセリ
(粗みじん切り) ―― 1〜2本
トリュフオイル、
レモン汁(好みで)
―――――――― 各適量

作り方

1 マッシュルームは薄切りにする。

2 器にマッシュルームを並べ、塩、こしょうをふる。パルミジャーノチーズをたっぷりすりおろしてかけ、イタリアンパセリをちらす。トリュフオイル、好みでレモン汁をかける。

 トリュフオイルがない場合は、エキストラバージンオリーブオイルでも。シンプルな料理だからこそ、ぜひおいしいものを使って。

Chapter 2

冷たい
おつまみ

cold appetizers

前菜風のおしゃれなおつまみ。
基本パパッと作れるものばかりですが、
仕上げの直前まで作って
準備しておけば、
お客さまが来たらすぐに
食卓に並べられます。

トマトとバジルの
とろけるカプレーゼ

水きりヨーグルトとモッツァレラで、なんちゃってブッラータチーズ。
定番の一品をさらにおいしく。

材料 (2人分)

トマト	1個
モッツァレラチーズ	1個
水きりヨーグルト	50g
バジルの葉	適量
塩	適量
粗びき黒こしょう	少々
エキストラバージンオリーブオイル	適量

作り方

1 トマトは食べやすい大きさに切る。ボウルにモッ
ツァレラチーズをちぎり入れ、水きりヨーグルト、
塩小さじ ¼ を加えて和える。

2 器に1をバランスよく盛り、塩少々、こしょうを
ふる。バジルをちぎってちらし、オリーブオイル
をかける。

memo

モッツァレラチーズと水きりヨーグルト
は時間が経つと水分が出てくるので、手
早く作るのがポイント。

いちごのとろけるカプレーゼ

こちらはいちごを使ったバージョン。
フルーツのカプレーゼも家飲みによく登場します。

材料 (2人分)

いちご	8個
モッツァレラチーズ	1個
水きりヨーグルト	50g
バジルの葉	適量
塩	適量
粗びき黒こしょう	少々
バルサミコクリーム (またはバルサミコビネガー少々)、 エキストラバージンオリーブオイル	各適量

作り方

1　いちごは縦半分に切る。ボウルにモッツァレラチーズをちぎり入れ、水きりヨーグルト、塩小さじ¼を加えて和える。

2　器に1をバランスよく盛り、バジルをちらす。塩少々、こしょうをふり、バルサミコクリーム、オリーブオイルをかける。

memo

フルーツは季節によってお好みでアレンジしてください。桃、キウイ、パイナップル、ぶどう……果物の香りや酸味によって、使うハーブやお酢も変えてみて。

いちじくのキャラメリゼ
ゴルゴンゾーラ添え

家飲みでぜひ作ってもらいたいイチ押しレシピ。
キャラメリゼしたいちじくに、ピリッとスパイシーなブルーチーズ、
パラリとかけた塩がよく合います。

材料 (3人分)

いちじく		3個
A	砂糖	30g
	水	大さじ1
ゴルゴンゾーラチーズ		30〜60g
塩、粗びき黒こしょう		各適量
ディルの葉		適量
ピンクペッパー		適量

作り方

1 いちじくはよく洗い、皮つきのまま縦半分に切る。

2 フライパンにAを入れ、弱火にかける。触らずにブクブクして全体が濃いめのきつね色になったら火を止め、余熱でしっかりカラメル色になるまで待つ(すぐに焦げるので注意)。

3 いちじくの切り口を2のカラメルにつけて取り出す(いちじくを熱しすぎると水分が出てカラメルがかたまらなくなるので、サッとつける程度に。熱いのでトングを使い、火傷に注意)。

4 表面がかたまったら塩をふり、ゴルゴンゾーラチーズを5〜10gずつのせ、こしょう、ディル、ピンクペッパーをふる。

3

POINT

バーナーを持っている場合は、いちじくの切り口にグラニュー糖をのせてバーナーで炙っても。

鯛とグレープフルーツのマリネ

見た目にも可愛い鯛のカルパッチョ。
グレープフルーツの爽やかさを合わせて、さっぱりとした前菜に。

材料（2人分）

鯛（刺身用さく）	————	1 さく（約 150g）
ピンクグレープフルーツ	————	¼ 個
A	ディル（ざく切り）	適量
	白ワインビネガー、グレープフルーツ果汁	
		各小さじ 1
	塩	ひとつまみ(1g)
	粗びき黒こしょう	適量
塩		適量
ディル（トッピング用）		適量
エキストラバージンオリーブオイル		適量
レモンゼスト		適量
ピンクペッパー		適量

作り方

1 鯛は薄切りにする。

2 グレープフルーツは皮を剥き、薄皮から実を取り
出し、一口大にちぎってボウルに入れる。A を
加え、さっくりと混ぜる。

3 器に鯛を並べて塩をふり、2 をのせる。オリーブ
オイルをかけ、ディル、レモンゼスト、ピンクペ
ッパーをちらす。

ツナとピーマンの生春巻き

これは革命的！　酸味と塩気のバランスや、食感が楽しい一品。
地味に見えるけど、食べてみないとわからないおいしさです。

材料(6本分)

生春巻きの皮	———————————	6枚
ピーマン	———————————	3個
ツナ水煮缶	———————————	小2缶(140g)
A	ケッパー ———————————	大さじ1
	レモン汁 ———————————	大さじ1
	塩 ———————————	ひとつまみ(1g)
	粗びき黒こしょう ———————————	少々
	エキストラバージンオリーブオイル ——	小さじ1
レモンゼスト	———————————	½個分

作り方

1　ピーマンは縦4等分にして種とワタを取り、氷水に入れて冷やす。生春巻きの皮が入る大きさの器に水を張る。Aのケッパーは粗く刻む。

2　ボウルに缶汁をきったツナを入れ、Aを加えて混ぜる。

3　生春巻きの皮を水にくぐらせてまな板に置き、水気をふいたピーマン2切れをのせる。2を½量のせ、レモンゼストをふってしっかりと巻く。同様にあと5本作る。

3種のブルスケッタ

しらすの
ブルスケッタ

しらすとガーリックがよく合う！
最初の一品にぴったりです。

材料 (5個分)

バゲット(薄切り) ──────── 5 枚分
にんにく ──────────── ½ かけ
しらす干し ────────── 50g
レモン汁 ──────────── ½ 個分
塩、粗びき黒こしょう、
エキストラバージンオリーブオイ
　ル、タイム ────────── 各適量

作り方

1　バゲットは約1cm厚さの斜め切りにし、オーブントースターで表面がカリッとするまで焼く(焼きすぎるとかたくなるので注意)。にんにくの切り口をこすりつけ、オリーブオイルを垂らす。

2　ボウルにしらすを入れ、レモン汁、塩、こしょうを加えて混ぜる。1に等分にのせ、オリーブオイルをかけ、タイムを飾る。

トマトの
ブルスケッタ

さっぱり食べられる軽い前菜。
熟したトマトを使うと、
よりおいしい。

材料 (5個分)

バゲット(薄切り) ──────── 5 枚分
にんにく ──────────── ½ かけ
トマト ───────────── 2 個
バジルの葉 ─────────── 5〜6 枚
オリーブオイル、粗びき黒こしょう
　　　　　　　　　─────── 各適量
A｜エキストラバージンオリーブ
　｜　オイル ──────── 小さじ 2
　｜塩 ──────────── 小さじ ½
　｜粗びき黒こしょう ──── 適量

作り方

1　バゲットは約1cm厚さの斜め切りにし、オーブントースターで表面がカリッとするまで焼く(焼きすぎるとかたくなるので注意)。にんにくの切り口をこすりつけ、オリーブオイルを垂らす。

2　トマトは小さめの角切りにし、ボウルに入れる。Aを加えて混ぜ、バジルをちぎり入れて和える。1に等分にのせ、こしょうをふる。

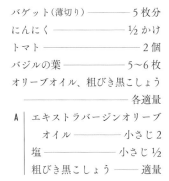

サーモンのブルスケッタ

クリームチーズとサーモンの間違いない組み合わせ。

材料（5個分）

バケット（薄切り）──────5枚分

【紫玉ねぎのマリネ】

紫玉ねぎ──────────¼個

A 塩──────────────2g
　白ワインビネガー、オリーブオイル
　─────────────各小さじ1
　粗びき黒こしょう───────適量

クリームチーズ─────────50g
スモークサーモン──────10〜15枚
国産レモン（薄切り・5等分に切る）−1枚
ディルの葉───────────適量
エキストラバージンオリーブオイル
　───────────────適量

作り方

1 紫玉ねぎのマリネを作る。紫玉ねぎはスライサーで薄切りにし、10分ほど水にさらす。水気をきってボウルに入れ、Aを加えて混ぜる。

2 バケットは約1cm厚さの斜め切りにし、オーブントースターで表面がカリッとするまで焼く（焼きすぎるとかたくなるので注意）。温かいうちにオリーブオイルをかけ、クリームチーズを等分に塗る。

3 スモークサーモン、1、レモン1切れ、ディルをのせる。

きのこのマスタードマリネ

さっぱりと食べられるきのこのマリネ。
冷たいのはもちろん、熱々のままでもおいしいです。

材料 (2人分)

しめじ	½パック (100g)
マッシュルーム	1パック (100g)
エリンギ	1パック (100g)
ローズマリー	2枝
オリーブオイル	大さじ2
A 粒マスタード、白ワインビネガー	各大さじ½
塩	小さじ½
粗びき黒こしょう	適量
ピンクペッパー	少々
ローズマリー (トッピング用)	少々

作り方

1 ローズマリー1枝は葉を摘んでみじん切りにする。しめじはほぐす。マッシュルームは3mm厚さに切る。エリンギは縦横半分に切り、さらに縦に薄切りにする。

2 フライパンにオリーブオイルと残りのローズマリーを入れて中火にかける。香りが出たらローズマリーを取り出し、きのこを入れて炒める。

3 しんなりしたらA、1のローズマリーを加えてひと炒めし、味をみてから保存容器に移す。粗熱が取れたら冷蔵庫で冷たくなるまで冷やす。

4 器に盛り、ピンクペッパーをふり、ローズマリーをのせる。

カリカリポテトのサラダ仕立て

みずみずしい新じゃがをカリッと焼いて、
マスタードベースの味つけでいただきます。
いつもと違った食べ方はいかが？

材料 (3人分)

新じゃが(小)	6〜7個(300g)
バター	20g
塩	適量
A 水きりヨーグルト、ディジョンマスタード、粒マスタード	各10g
マヨネーズ	5g
塩、粗びき黒こしょう	各適量
ベビーリーフ	1袋

作り方

1 新じゃがはよく洗い、水気がついたまま耐熱皿に
のせ、ふんわりとラップをかけ、電子レンジで
3分ほど加熱する。上下を返し、さらに2分ほど
加熱する。皮つきのまま半分に切る。

2 フライパンにバターを入れて中火にかけ、1を
入れて表面がカリッとするまで炒め、塩をふり、
粗熱を取る。

3 ボウルに2とAを入れて混ぜ、ベビーリーフを
加えて和える。

マグロとサーモン、 アボカドのタルタル

オレンジとグリーン、2層のタルタル。
セルクルで抜くだけで、お店の一品のように仕上がります。

材料 (直径9cmのセルクル2個分)

アボカド	1個
サーモン(刺身用さく)	100g
マグロ(刺身用さく)	100g
塩、粗びき黒こしょう	各適量
レモン汁	小さじ ½
好みのハーブ(ディル、タイムなど・みじん切り)	各適量
ケッパー (みじん切り)	大さじ 2
エキストラバージンオリーブオイル	適量
好みのハーブ(トッピング用)	適量
ピンクペッパー	適量
クラッカー	適量

作り方

1 アボカドはボウルに入れ、少し食感が残るくらいに潰す。塩ひとつまみ(1g)、こしょう、レモン汁、ハーブを加えて混ぜる。

2 サーモン、マグロは1cm角に切って別のボウルに入れ、塩ひとつまみ(1g)、こしょう、ケッパーを加えて混ぜる。

3 器にセルクルをのせ、1の半量を入れて表面をならす。2の半量を重ね、表面を整えてセルクルをはずす。同様にもう1個作る。

4 オリーブオイル、こしょうをふってハーブ、ピンクペッパーをのせ、クラッカーを添える。

memo

セルクルを持っていない場合は、大きめの丸いペットボトルを輪切りにしたり、牛乳パックを切って輪にして留めたりすると、セルクル代わりになります。

生ハムメロン山椒

生ハムメロンに山椒を加えて香りのアクセントをプラス。
定番メニューをちょっと気のきいたおつまみに。

材料 (2人分)

メロン	¼個
粉山椒	少々
エキストラバージンオリーブオイル	大さじ½
生ハム	適量

作り方

1 メロンは食べやすい大きさに切ってボウルに入れる。粉山椒、オリーブオイルを加えて和える。

2 1切れずつ生ハムで巻き、ピックなどを刺して留める。

Chapter 3

温かい
おつまみ

hot appetizers

素材はシンプルでありながら、
手が込んでいるように見える
温かいおつまみたちを集めました。
できたてのあつあつを
一緒に囲みながら、
お酒を片手に楽しんでください。

さつまいものアンチョビバターソテー

誰もが好きな味。
焼きいもを使うことで時間短縮&風味もアップ。
水分多めで甘めの焼きいもがおすすめです。

材料 (2人分)

焼きいも	1本(約250g)
アンチョビ	10g(約4枚)
バター	20g
粗びき黒こしょう、ローズマリー	各適量
ローズマリー(トッピング用)	少々

作り方

1 焼きいもは皮を剥き、一口大の角切りにする。アンチョビは細かく刻む。

2 フライパンにバターを入れて弱火にかけ、溶けてきたらアンチョビを入れ、崩れてくるまで炒める。

3 焼きいも、ローズマリーを加え、転がしながら焼き色がつくまで炒める。器に盛り、こしょうをふって、ローズマリーをのせる。

マッシュルームのコンビーフ詰め

つまむ手が止まらない、一口サイズのおつまみ。
材料も工程も少なめなのに、満足度はバッチリ。

材料 (14個分)

マッシュルーム ──────────2パック(14個)
コンビーフ ────────────80g
ピザ用チーズ ───────────適量
オリーブオイル ──────────適量
粗びき黒こしょう、イタリアンパセリ(粗みじん切り)
────────────各適量

作り方

1 マッシュルームはかさと軸を切り分け、軸は細
かく刻む。

2 フライパンにオリーブオイルを入れて中火にか
け、コンビーフと1の軸を加え、ほぐしながら
炒める。しんなりしたらいったん取り出す。

3 フライパンにオリーブオイルを足して中火にか
け、マッシュルームを軸側を下にして並べ入れ
て焼く。焼き色がついたら裏返し、かさに水分
が出てきたら火を止める。

4 3に2を等分に詰め、オーブントースターの天
板にアルミホイルを敷いてのせ、ピザ用チーズ
をのせる。チーズが溶けるまで焼いたら、器に
盛り、こしょうをふってイタリアンパセリをち
らす。

ズッキーニのアンチョビパン粉焼き

アンチョビパン粉は、他の野菜や魚介類にかけて焼いてもおいしい、
万能調味料。お酒のあてに最高です。

材料 (2人分)

ズッキーニ ———————————————————— 2本
にんにく(みじん切り) ——————————————— 1かけ
アンチョビ(みじん切り) ————————————— 20g(約8枚)
イタリアンパセリ(粗みじん切り) ————————————— 適量
パン粉 ———————————————————————— 40g
塩、粗びき黒こしょう ——————————————— 各適量
オリーブオイル ——————————————————— 適量
パルミジャーノチーズ(すりおろし) ——————————— 適量

作り方

1　ズッキーニは5mm幅の薄切りにして耐熱皿に並べ、
　　塩、こしょう、オリーブオイル大さじ1をかける。

2　フライパンにオリーブオイル大さじ2、にんにく、
　　アンチョビを入れ、弱火にかけて香りが出るま
　　で炒める。パン粉を加えてさらに炒め、軽く色
　　づいたら火を止め、イタリアンパセリを加えて
　　混ぜる。

3　1にまんべんなくちらし、180℃のオーブンで
　　20分ほど焼く。途中焦げそうになったらアルミ
　　ホイルをかぶせる。仕上げにパルミジャーノチ
　　ーズをたっぷりかける。

生ハムとズッキーニのおつまみ春巻き

春巻きのバリエーションは無限大。
中でもイチ押しの組み合わせを紹介します。

材料 (6本分)

春巻きの皮	6枚
生ハム	6枚
ズッキーニ	½本
セージの葉	6枚
カマンベールチーズ	1個
粗びき黒こしょう、揚げ油	各適量

作り方

1 ズッキーニは縦に6等分に切る。カマンベールチーズは放射状に12等分に切る。

2 春巻きの皮に生ハム、ズッキーニ、セージ、カマンベールチーズを順に等分にのせ、こしょうをふって巻く。巻き終わりに水溶き小麦粉(分量外)を塗り、しっかり留める。同様にあと5本作る。

3 揚げ油を170℃に熱し、2を入れて全体がきつね色になるまで揚げる。

memo

水分が出ると油がはねやすいので、なるべくズッキーニを生ハムで覆うように包むのがポイント。

1

2

2

かぶのペペロンチーノ

シンプルなかぶも、ペペロンチーノにしたら
あっという間におつまみに早変わり。

材料 (2人分)

かぶ —————————————— 2個
にんにく (薄切り) ————————— 1かけ
赤唐辛子 (輪切り) ————————— 適量
塩、粗びき黒こしょう、オリーブオイル
————————————————— 各適量

作り方

1 かぶは皮を剥き、茎を少し残して2cm幅のくし形
切りにする。葉は食べやすい長さに切る。

2 フライパンにオリーブオイルとにんにく、赤唐辛子
を入れて弱火にかけ、香りが出たら1を加えて
炒める。焼き色がついたら塩、こしょうで味を
調える。

アボカドとエビのバジルグラタン

サッと混ぜてトースターで焼くだけなのに、手をかけたような一品。
アボカドの皮を器にすることで見た目にも可愛らしく。

材料 (2人分)　＊写真は1.5倍量です。

アボカド	1個
茹でエビ(ぶつ切り)	80g
A ┌ タイムの葉	3本分
│ 水きりヨーグルト	15g
│ マヨネーズ	10g
│ バジルペースト	10g
└ 塩	適量
ピザ用チーズ	20〜30g
粗びき黒こしょう	適量
タイムの葉(トッピング用)	少々

作り方

1　アボカドは縦半分に切って種を除き、格子状に切り込みを入れて実を取り出す。皮は器として使うので取っておく。

2　ボウルにアボカド、エビ、A を入れ、アボカドの形が残る程度に和える。アボカドの皮に盛り、ピザ用チーズをかける。

3　オーブントースターでチーズに焼き色がつくまで5分ほど焼く(加熱時間はトースターによって異なるので、焼き加減を見て調整してください)。こしょうをふり、タイムをちらす。

じゃがいものガレット
スモークサーモンのせ

千切りにしたじゃがいもが、さっくりほくほく。
サワークリームとサーモンで間違いないおいしさ。
トッピングを変えて、アレンジしても。

材料 (5個分)

じゃがいも	1個(約150g)
塩、粗びき黒こしょう	各適量
オリーブオイル	大さじ1と½
サワークリーム	小さじ5
スモークサーモン	5枚
ディルの葉、ケッパー	各適量

作り方

1 じゃがいもは千切りにし、ボウルに入れる。塩、
こしょうをふって混ぜる。

2 フライパンにオリーブオイルを中火で熱し、1を
5等分にして入れ、丸く広げる。しっかり焼き色
がついたら、崩さないように裏返す。裏面にも焼
き色がついたら、キッチンペーパーに取り出して
油をきる。

3 器に盛り、サワークリーム、スモークサーモンを
等分にのせ、ディル、ケッパーを飾る。

エビと野菜の香草アヒージョ

オイルで煮るだけ、簡単アヒージョ。旨味を吸ったオイルはバゲットにつけてどうぞ。
具材はお好みでアレンジを。

材料（直径16cmのスキレット1個分）

剥きエビ（背わたを取る）
——————————— 5尾
ズッキーニ —————— ½本
グリーンアスパラガス —— 1本
マッシュルーム ———— 3個
ミニトマト ————— 5個
グリーンオリーブ（種抜き）
————————— 3〜4粒
オリーブオイル ——— ½カップ
にんにく —————— 2かけ
赤唐辛子 —————— 1本
塩 —————— 小さじ ½
ディル（ざく切り）——— 3本

作り方

1 ズッキーニは1.5cm幅の半月切りにする。
アスパラガスは長さを4等分に切る。
マッシュルームは半分に切る。

2 スキレットにオリーブオイルとにんにく、
赤唐辛子を入れて弱火にかけ、香りが出
たらディル以外の材料を入れ、10分ほ
ど煮る（油がはねるので、アルミホイルで覆
うとよい）。具材に火が通ったら火を止め、
ディルをちらす。

Chapter 4

肉と魚

meat & fish

メインディッシュは
ハーブやスパイス、
フルーツを上手に組み込んで、
驚きのある一皿に。
缶詰も工夫次第で、立派な一品に
仕立てることができます。

鶏肉のレモンソテー

レモンの酸味とローズマリーの香りがそそる、大好きなチキンソテー。
簡単で好評なので、お客さまを招くたびに作ります。

材料 (2人分)

鶏もも肉	1枚(300g)
塩	小さじ ½ 強
粗びき黒こしょう	適量
オリーブオイル	大さじ1
にんにく	1かけ
ローズマリー	2枝
国産レモン(輪切り)	4枚
クレソン	適量

作り方

1　鶏肉は余分な脂を取り除いて半分に切り、両面に塩、こしょうをふる。にんにくは縦半分に切り、芯を取る。

2　フライパンにオリーブオイルとにんにくを入れて弱火にかけ、香りが出たらローズマリーを加える。鶏肉を皮目を下にして入れ、中火で焼き色がつくまで焼く。

3　鶏肉を裏返し、肉の上にレモン、ローズマリー、にんにくをのせ、蓋をして焼く。鶏肉の分厚いところをトングで押さえてみて、柔らかすぎず弾力が出てくればOK。

4　再び裏返し、強火でサッと焼く。食べやすく切って器に盛り、クレソンを添える。

牛肉のラムレーズンチーズ巻き

自家製のラムレーズンをたっぷり入れた大人のおつまみ。
お酒が進む、お気に入りの一品です。

材料 (2人分)

【ラムレーズン】(作りやすい分量)
レーズン ——————— 200g
ラム酒 ————————— 適量
※自家製ラムレーズンアイス(P102)でも
使用

牛薄切り肉 ——————— 10枚(約200g)
クリームチーズ(常温に戻す) ——— 50g
ラムレーズン ———————— 50g
ローズマリーの葉 ——————— 適量
塩、粗びき黒こしょう ———— 各適量
オリーブオイル ——————— 適量
ピンクペッパー、ローズマリーの葉
(トッピング用)
————————————— 各適量

作り方

1 ラムレーズンを作る。レーズンはざるに入れて熱湯を回しかけ、粗熱が取れたらキッチンペーパーで水気を取る。

2 清潔な保存瓶に入れ、ラム酒をひたひたに注ぎ、冷蔵庫で2時間以上置く(7〜10日漬けると、よりおいしい。冷暗所で約6か月保存可)。

3 ボウルにクリームチーズと軽く水気をきったラムレーズンを入れて混ぜる。

4 牛肉を1枚ずつ広げ、3、ローズマリーを等分にのせて包むように巻く。塩、こしょうをふる。

5 フライパンにオリーブオイルを中火で熱し、4の巻き終わりを下にして並べ入れる。焼き色がついたら面を変えながら、全体に焼き色をつける。器に盛り、ピンクペッパー、ローズマリーをちらす。

サーモンのレアステーキ

作ると必ずよろこんでもらえる一品。
刺身用のサーモンで作るから、火入れも簡単。
サッとできるのに豪華に見えるレシピです。

材料 (2人分)

サーモン(刺身用さく)
——————— 200〜250g (なるべく厚みが均一なもの)
ケッパー ——————————————— 10g
ブラックオリーブ(種抜き) ————————— 15g
水きりヨーグルト ————————————— 20g
塩、オリーブオイル、粗びき黒こしょう —— 各適量
ディルの葉、ピンクペッパー ——————— 各適量

作り方

1 サーモンは両面に軽く塩をふり、20分ほど置く。
キッチンペーパーで表面の水気をふく。

2 ケッパーとオリーブはみじん切りにしてボウルに
入れ、水きりヨーグルトを加えて混ぜる。

3 フライパンにオリーブオイルを中火で熱し、サー
モンの表面をサッと焼く(加熱時間は厚さによって調
整する)。全面が焼けたら取り出す。

4 粗熱が取れたら2cm幅に切り、切り口を上にして
器に盛る。2をかけ、こしょうをふり、ディル、
ピンクペッパーを飾る。

3

サーモンは焼くと崩れやすくな
るので、フライ返しを使ってて
いねいに扱う。

4

身が崩れないよう、なるべくよ
く切れる包丁でやさしく切る。
サーモンを冷蔵庫で冷やすと、
よりきれいに切れる。

鶏肉のクリーム煮

生クリームを使わないのに、とても濃厚。
粒マスタードをきかせておつまみ仕様に。

材料 (2人分)

鶏もも肉	1枚(300g)	薄力粉	大さじ1
玉ねぎ	¼個	白ワイン	大さじ1
マッシュルーム	1パック(8個)	牛乳	150mℓ
塩、粗びき黒こしょう	各適量	粒マスタード	小さじ2
オリーブオイル	大さじ1	イタリアンパセリ(粗みじん切り)	
バター	10g		適量

作り方

1 玉ねぎは縦に薄切りにする。マッシュルームは半分に切る。鶏肉は余分な脂を取り除いて一口大に切り、両面に塩適量、こしょうをふる。

2 フライパンにオリーブオイルとバターを中火で熱し、鶏肉を皮目を下にして焼く。焼き色がついたら裏返し、裏面にも焼き色がついたらいったん取り出す。

3 同じフライパンにマッシュルームと玉ねぎを入れて炒め、しんなりしたら薄力粉を全体にふり、弱火で炒める。粉っぽさがなくなったら鶏肉を戻し入れ、白ワインを加える。

4 牛乳を少しずつ加えて混ぜ、煮立ったら弱火にし、時々混ぜながら5〜6分煮る(ぐらぐら煮立たせないように注意)。粒マスタードと塩小さじ½を加えて味を調えたら器に盛り、こしょうをふって、イタリアンパセリをちらす。

豚肉のクミン炒め

エキゾチックな味が好きな人なら、絶対ハマる一品。
たっぷりのクミンとマスタードの酸味がとても合います。
トッピングはパクチーやクレソンなど、少しクセのあるものを。

材料 (2人分)

豚ロース肉(1.5〜2cm厚さのもの)	4枚(500g)
塩	小さじ1
粗びき黒こしょう	適量
にんにく	1かけ
オリーブオイル	大さじ1
クミンシード	小さじ2
赤唐辛子	1本
A しょうが(すりおろし)	小さじ1
ディジョンマスタード	小さじ1
白ワインビネガー	小さじ1
カルダモンパウダー	少々
コリアンダーパウダー(あれば)	少々
アーモンド	適量
パクチー(ざく切り)	適量

作り方

1 豚肉は一口大に切り、両面に塩、こしょうをふる。にんにくは縦半分に切り、芯を取る。

2 フライパンにオリーブオイルとにんにくを入れ、弱火にかける。にんにくの香りが出てきつね色になる直前にクミンシードと赤唐辛子を加え、香りが出るまで加熱する(焦げないように注意)。

3 豚肉を入れて中火にし、焼き色がついたら裏返す。Aを加えて炒め合わせ、器に盛る。砕いたアーモンドをちらし、パクチーをのせる。

オイルサーディンとじゃがいものレモンソテー

缶詰のオイルサーディンとじゃがいもで、
お手軽なのにおしゃれな一品。焼いたレモンもおいしいんです。

材料（2人分）

オイルサーディン	1缶
じゃがいも	1個
国産レモン	½個
オリーブオイル	大さじ2
にんにく（潰す）	1かけ
塩	小さじ⅓
ローズマリー	適量

作り方

1 じゃがいもは6mm幅の輪切りにする。レモンはよく洗って輪切りにする。

3

2 フライパンにオリーブオイルとオイルサーディンのオイル少々、にんにくを入れて弱火にかける。香りが出たらにんにくを取り出す。

3 同じフライパンに1を入れ、塩をふる。3分ほど中火で焼いてじゃがいもがきつね色になったら裏返す。裏側にも焼き色がついたら取り出す。

4 続いてオイルサーディンを入れてこんがりと焼く。3とともに器に盛り、ローズマリーを飾る。

オレンジポークソテー

家飲みで出すと一瞬でなくなるほど人気の一品。
しっかりガーリックもききつつ、オレンジの甘みと酸味が合わさっておいしいです。

材料 (4人分)

豚ロース肉(1.5〜2cm厚さのもの)	4枚(500g)
オレンジ	1個
にんにく(薄切り)	1かけ
タイム	3枝
A オリーブオイル	大さじ3
白ワインビネガー	小さじ1
塩、粗びき黒こしょう	各小さじ½
オリーブオイル	大さじ1
タイム(トッピング用)、クレソン	各適量
オレンジ(トッピング用・横半分に切る)	適宜

作り方

1 オレンジは皮を剥き、果肉を取り出す。豚肉は
　包丁の背で叩き、脂身に切り込みを入れる。

2 保存袋に1、にんにく、タイム、Aを入れて全体
　を馴染ませ、そのまま15分置く。袋ごと裏返し
　てさらに15分置く。

3 フライパンにオリーブオイルを中火で熱し、豚肉
　をマリネ液をきって入れる(マリネ液は取っておく)。
　焼き色がついたら裏返し、軽く焼く。

4 豚肉を片側に寄せ、あいたところにマリネ液を入
　れて煮立てる。豚肉にマリネ液を絡め、豚肉を取
　り出して器に盛る。マリネ液を軽く煮詰めて豚肉
　にかけ、タイムを飾る。クレソンと、お好みで断面
　を焼いたオレンジを添える。

牛肉ステーキのブルーベリーソース

ステーキにブルーベリーソースってなんだか特別な感じがしませんか?
でも見た目に反して、潰して混ぜるだけのとても簡単なソース。
サワークリームの酸味も合うので、ぜひ合わせてみてください。

材料 (2人分)

牛肉(ステーキ用) ——————— 1枚(200g)
塩 ——————— ふたつまみ(2g)
粗びき黒こしょう ——————— 適量
オリーブオイル ——————— 適量
にんにく(潰す) ——————— 1かけ

【ブルーベリーソース】
　ブルーベリー(冷凍) ——————— 80g
　赤ワイン(あれば) ——————— 大さじ1
　しょうゆ、白ワインビネガー
　——————— 各小さじ1
　塩 ——————— 少々(0.5g)
　粗びき黒こしょう ——————— 適量
　バター ——————— 5g

ディルの葉、サワークリーム —— 各適量

作り方

1 牛肉は調理する1時間ほど前に冷蔵庫から出して
常温に戻す。塩、こしょうをふる。

2 フライパンにオリーブオイルとにんにくを入れ
て弱火にかけ、香りが出たらにんにくを取り出し、
牛肉を入れて焼く。表面に焼き色がついたら裏返
し、もう片面にも焼き色をつける。取り出して
アルミホイルで包み、10分ほど置く。

3 ブルーベリーソースを作る。フライパンの余分な
油をふき取り、ブルーベリーと赤ワインを入れて
中火にかけ、軽くとろみがつくまで潰しながら加
熱する。しょうゆ、白ワインビネガー、塩、こ
しょうを加えて味を調え、さらにとろみがつくまで
加熱する。火を止め、バターを加えて溶かす。

4 2を食べやすい大きさに切って器に盛り、ブルー
ベリーソース、サワークリームを添える。こしょう
をふり、ディルをちらす。

サバとなすの味噌グラタン

サバ缶を使ったアレンジレシピ。
トースターでできるお手軽グラタンです。
隠し味の味噌がいいアクセントに。

材料 (2人分)

サバ水煮缶	1缶
なす	3本
塩	適量
トマト	2個
オリーブオイル	適量
にんにく	1かけ
赤唐辛子(輪切り)	少々
ローズマリー	1枝
味噌	大さじ1
ピザ用チーズ	適量
ローズマリー(トッピング用)	少々

作り方

1 なすは一口大に切り、塩をふって10分ほど置き、キッチンペーパーで水気を取る。トマトは一口大に切り、にんにくは縦半分に切って芯を取る。

2 フライパンにオリーブオイル、にんにく、赤唐辛子、ローズマリーを入れて弱火にかけ、香りが出たらにんにくとローズマリーを取り出す。

3 なすを加えて、しんなりするまで炒める。トマト、汁気をきったサバ缶、味噌を加え、サバの身が崩れないようにサッと炒める。

4 耐熱の器に入れ、ピザ用チーズをたっぷりとのせ、オーブントースターで焼き色がつくまで焼く。仕上げにローズマリーをのせる。

アクアパッツァ

アクアパッツァって難しそうに聞こえるけれど、実はすごく簡単。
サッと焼き色をつけたら、水を加えて煮込むだけ。
味つけは塩だけでOK！ 魚介の旨味を存分に味わいましょう。

材料 (2人分)

白身魚の切り身(鯛など) ————— 2～3切れ
あさり ————————————— 200g
にんにく ———————————— 1かけ
オリーブオイル ——————————— 大さじ1
ミニトマト ———————————— 100g
ブラックオリーブ(種抜き・輪切り) ——— 大さじ2
塩、粗びき黒こしょう ——————— 各適量
水 —————————————— 150mℓ
イタリアンパセリ(粗みじん切り) ——— 適量
エキストラバージンオリーブオイル ——— 適量

作り方

1 あさりは塩水(分量外)に30分～1時間ほどつけて
砂抜きをする。白身魚は皮目に十字に切り目を入
れ、塩をふって10分ほど置き、水気をキッチン
ペーパーで取る。にんにくは縦半分に切り、芯を
取る。

2 フライパンにオリーブオイルとにんにくを入れて
弱火にかける。香りが出たら中火にして白身魚を
皮目を下にして入れ、焼き色がついたら裏返す。

3 ミニトマト、あさり、ブラックオリーブ、水を加
える。ふつふつしてきたら蓋をし、5分ほど煮る。
味をみて足りなければ、塩、こしょうで味を調え
る。器に盛り、イタリアンパセリをちらしてエキ
ストラバージンオリーブオイルをかける。

魚は火が入ると崩れやすいので、フライ返しなどを使ってていねいに裏返す。

火加減を調整し、静かにふつふつしている状態を保ちながら煮る。

私の食器の選び方

器やカトラリー選びにこだわると、同じ料理でも全く違う雰囲気に。
私がよく使っている器や、選び方のポイントをご紹介します。

シンプルな白い器こそ形や質感にこだわる

白い器はうちでもよく使いますが、質感が違うだけで料理の見え方も変わるので、いろんなパターンの白い器があると使いやすいです。

料理が映えるマットな黒

黒い器はあまり光を反射しないマットなものを。ざらっとした質感のものは高級感が出ます。大きめの平皿は1枚あると重宝します。

大きさ違いのカッティングボード

パンやチーズをラフに盛り付けるだけでも見栄えするので、木の質感がよくわかるものをサイズ違いで数枚持っておくと便利です。

カトラリーは料理や器に合わせて

その日の料理や器に合わせてカトラリーを選ぶと食卓の雰囲気が変わります。同じシリーズで揃えておくと、こなれ感が出ておすすめ。

Chapter 5

ごはんと麺

rice & noodles

もう少し食べたい人、
もう少し飲みたい人、
どちらも満足できるように、
お酒も進んでお腹も満たされる
おつまみ風の〆レシピを集めました。
作る量はお腹の具合に合わせて
調整してくださいね。

アボカドそうめん

SNSでも大人気のこのレシピ。毎年夏になると必ず作ります。
アボカドを潰して混ぜるだけなのに、とても濃厚でおいしい一皿のでき上がり！
トータル5分くらいでできる優秀なレシピです。

材料 (2人分)

アボカド	1個
A｜バジルペースト	20g
｜タイムの葉	適量
｜塩、粗びき黒こしょう	各適量
そうめん	2束(100g)
トマト	½個
生ハム	2枚
パルミジャーノチーズ	適量
エキストラバージンオリーブオイル	適量
タイム(トッピング用)	少々

作り方

1 アボカドはボウルに入れ、ペースト状に潰し、A
　を加えて混ぜる。トマトは横半分に切って種を除
　き、1.5cm角に切る。

2 鍋にたっぷりの湯を沸かし、そうめんを1分ほど
　茹でる。冷水にとってよく洗い、しっかりと水気
　をきる。1のボウルに加えて和える。

3 器に2を盛り、トマトと生ハムをのせ、すりおろ
　したパルミジャーノチーズをかける。タイムを飾
　り、オリーブオイルを回しかける。

マッシュルームのリゾット

きのこの旨味がたっぷり出たリゾットは、私の家飲み定番メニュー。
仕上げのトリュフオイルでぜいたくな味に。
きのこの種類を変えたり増やしたりしてもおいしいです。

材料（2人分）

米	100g
マッシュルーム	1パック（7〜8個）
オリーブオイル	大さじ1
にんにく（潰す）	1かけ
パルミジャーノチーズ（すりおろし）	20g
塩、粗びき黒こしょう	各適量
パルミジャーノチーズ（すりおろし・トッピング用）	適量
トリュフオイル	適量

作り方

1　マッシュルームは薄切りにする。

2　フライパンにオリーブオイルとにんにくを入れて
　弱火にかけ、香りが出たらにんにくを取り出す。
　1を加えて中火でしんなりするまで炒めたら、米
　を洗わずに加え、ゴムべらでやさしく返しながら
　表面が透き通るまで3分ほど炒める。ひたひたの
　水を加えてサッと混ぜ、そのまま触らずに煮詰める。

3　水分が少なくなったら水を足し、やさしく混ぜ合
　わせる。これを繰り返し、米に少し芯が残るくら
　いの柔らかさになるまで煮る。

4　パルミジャーノチーズを加えて混ぜ、塩、こしょう
　で味を調える。器に盛り、パルミジャーノチーズ、
　こしょう、トリュフオイルをかける。

シーフードのトマトリゾット

シーフードミックスとトマト缶で作る、本格リゾット。
魚介の旨味が広がる人気の味です。

材料 (3人分)

米	1合(150g)
シーフードミックス(冷凍・解凍する)	150g
カットトマト缶	½缶(200g)
オリーブオイル	大さじ1
にんにく(みじん切り)	1かけ
白ワイン(あれば)	大さじ2
パルミジャーノチーズ(すりおろし)	20g
塩、粗びき黒こしょう、イタリアンパセリ(粗みじん切り)	各適量

作り方

1 フライパンにオリーブオイルとにんにくを入れて
弱火にかけ、香りが出たら米を洗わずに加え、
ゴムべらでやさしく返しながら、表面が透き通る
まで3分ほど炒める。白ワインを加え、混ぜなが
ら煮詰める。

2 シーフードミックスの水気をきって加えたら、
水約1カップを加えてサッと混ぜ、そのまま触ら
ずに煮詰める。水分が少なくなったら水を足し、
やさしく混ぜ合わせる。これを2回繰り返す。

3 2回目に追加した水がふつふつしてきたら、
トマト缶を加える。焦げつかないように時々ゴ
ムべらで混ぜ、水分が少なくなったら水を足し、
やさしく混ぜ合わせる。これを繰り返し、米に
少し芯が残るくらいの柔らかさになるまで煮る。

4 パルミジャーノチーズを加えて混ぜ、塩、こしょう
で味を調える。器に盛り、こしょう、イタリアン
パセリをふる。

春野菜とジェノベーゼのリゾット

ジェノベーゼの香りがふわり。春野菜のおいしい時期に作ってほしい一品です。
野菜はお好みのものでOK。仕上げのオイルはぜひお気に入りのものを使ってください。

材料 (3人分)

米	1合(150g)	
スナップえんどう	½ パック(50g)	
グリーンアスパラガス	2~3本(50g)	
オリーブオイル	大さじ1	
にんにく(みじん切り)	1かけ	
白ワイン(あれば)	大さじ2	
バジルペースト	50g	

パルミジャーノチーズ(すりおろし) ———— 40g
塩、粗びき黒こしょう ———— 各適量
パルミジャーノチーズ
　(すりおろし・トッピング用) ——— 適量
エキストラバージン
　オリーブオイル ———— 適量

作り方

1　スナップえんどうは斜め半分に切る。アスパラガス
　　は6等分の斜め切りにする。

2　フライパンにオリーブオイルとにんにくを入れて
　　弱火にかけ、香りが出たら米を洗わずに加え、
　　ゴムべらでやさしく返しながら、表面が透き通る
　　まで3分ほど炒める。白ワインを加え、混ぜなが
　　ら煮詰める。

3　水約1カップを加えてサッと混ぜ、そのまま触ら
　　ずに煮詰める。水分が少なくなったら水を足し、
　　やさしく混ぜ合わせる。これを3回繰り返す。

4　3回目に追加した水がふつふつしてきたら、
　　スナップえんどう、アスパラガスを加える。米
　　に少し芯が残るくらいの柔らかさになるまで煮
　　たら、バジルペーストとパルミジャーノチーズ
　　を加えて混ぜる。塩、こしょうで味を調え、器
　　に盛り、パルミジャーノチーズ、エキストラバー
　　ジンオリーブオイルをかける。

そうめんでトマトの冷製カッペリーニ風

そうめんによく冷やしたトマトのソースを絡めたら、
夏らしい爽やかなカッペリーニ風の一皿のでき上がり。
茹で時間の短いそうめんなら、手早く作れます。これは真夏に大活躍！

材料 (2人分)

そうめん	2束(100g)
トマト	大1個
バジルの葉	4枚
A にんにく(すりおろし)	少々
エキストラバージンオリーブオイル	大さじ1
白ワインビネガー	大さじ½
塩	小さじ½
粗びき黒こしょう	少々
バジルの葉(トッピング用)	適量
エキストラバージンオリーブオイル	適量

作り方

1 トマトは1cm角に切り、ボウルに入れる。A、
  バジルをちぎりながら加えてよく混ぜ、冷蔵庫で
  冷やす。

2 鍋にたっぷりの湯を沸かし、そうめんを1分ほど
  茹でる。冷水にとってよく洗い、しっかりと水気
  をきる。

3 2を1のボウルに加えて和え、器に盛る。バジル
  をのせ、オリーブオイルをかける。

レモンクリームパスタ

お店にあるとつい頼んでしまうレモンクリームパスタを自宅で。
しっかり酸味もききつつ、クリーミーさがクセになる味わい。
パルミジャーノチーズをたっぷりかけてどうぞ。

材料 (2人分)

パスタ(タリアテッレなど)	120g
A 生クリーム	½カップ
バター	10g
レモン汁	½個分
パルミジャーノチーズ(すりおろし)	10g
塩	適量
粗びき黒こしょう	少々
レモンゼスト	1個分
パルミジャーノチーズ(すりおろし・トッピング用)	適量
タイムの葉	適量

作り方

1 鍋にたっぷりの湯を沸かし、湯の約1%程度の塩
（水1ℓに対して塩10g〈小さじ2弱〉・分量外）を加え、
パスタを袋の表示時間より2分短く茹でる(茹で汁
は1カップほど取っておき、ソースのかたさ調整に使う)。

2 フライパンにAを入れて中火にかけ、ぐつぐつし
てきたら火を止める。ゆで上がったパスタと茹で汁
少々、レモン汁を加えて和え、パルミジャーノチー
ズを加えて和える(水分を飛ばしすぎないように注
意)。塩で味を調える。

3 器に盛り、パルミジャーノチーズ、こしょうをふ
り、レモンゼスト、タイムをちらす。

サバとレモン、
ローズマリーのパスタ

サバ缶を使ったアレンジレシピ。レモンとローズマリーで爽やかに。
特別な材料がなくても作れる、簡単おつまみパスタです。

材料 (2人分)

パスタ(リングイネなど)	120g	ローズマリー	2枝
サバ水煮缶	1缶	レモン汁	大さじ1
オリーブオイル	大さじ2	国産レモン(輪切り)	2枚
にんにく	1かけ	塩、粗びき黒こしょう	各適量
赤唐辛子(輪切り)	少々		

作り方

1 サバ缶は缶汁をきり、中心の大きな骨を取り除く
  (少し手間ですが、これをすると断然食べやすくなりま
  す)。にんにくは縦半分に切り、芯を取る。

2 鍋にたっぷりの湯を沸かし、湯の約1%程度の塩
  (水1ℓに対して塩10g〈小さじ2弱〉・分量外)を加え、
  パスタを袋の表示時間より2分短く茹でる(茹で汁
  は1カップほど取っておき、ソースのかたさ調整に使う)。

3 フライパンにオリーブオイルとにんにくを入れ
  て弱火にかけ、香りが出たら赤唐辛子、ローズマ
  リーを加える。焦がさないようにサッと炒めたら、
  一旦ローズマリーを取り出す。サバ缶を加えて
  大きめに崩しながら炒める。パスタの茹で汁を
  おたま1杯分ほど加えて、ゆすりながら乳化させる。

4 茹で上がったパスタ、レモン汁を加えて手早く和
  える。水分が足りなければパスタの茹で汁を少し
  ずつ加え、塩、こしょうで味を調える。器に盛り、
  こしょうをふって、レモン、3のローズマリーを
  飾る。

ゴルゴンゾーラのおつまみペンネ

飲み会の〆としてぴったりなおつまみパスタ。
ピリッとゴルゴンゾーラがきいたペンネは、お腹いっぱいでもつまめちゃう!
こしょうたっぷりで食べてみて。

材料（2人分）

パスタ（ペンネ）——— 120g
ゴルゴンゾーラチーズ
——————— 50g
生クリーム ——— ½カップ
塩、粗びき黒こしょう
——————— 各適量
くるみ（粗く刻む）——— 適量

作り方

1 鍋にたっぷりの湯を沸かし、湯の約1%程度の塩
（水1ℓに対して塩10g〈小さじ2弱〉・分量外）を加え、
パスタを袋の表示時間より2分短く茹でる（茹で汁
は1カップほど取っておき、ソースのかたさ調整に使う）。

2 フライパンにゴルゴンゾーラチーズと生クリーム
を入れて弱火にかけ、チーズが溶けるまで混ぜな
がら加熱する。

3 茹で上がったパスタを加えて和える。水分が足
りなければパスタの茹で汁を少しずつ加え、塩、
こしょうで味を調える。器に盛り、くるみをちら
し、こしょうをふる。

Chapter 6

食後の
デザート

dessert

お腹がいっぱいでも、
やっぱり甘いものは別腹。
洋酒やスパイスをきかせたり
ほろ苦いコーヒーの香りを
まとわせたりした大人味で
ほろ酔い気分が続きます。

自家製ラムレーズンアイス

ラムレーズンを作っておけば、
市販のアイスと混ぜるだけで作れるお手軽アイス！
ちょっとした来客の時にも重宝します。

材料 (2人分)

ラムレーズン ——————— 60g (作り方はP67 参照)
バニラアイス ——————— 2カップ (200g)

作り方

1 バニラアイスを冷凍庫から出し、少し柔らかくな
　 ったら軽く汁気をきったラムレーズン (分量は好み
　 で調整する) を加えて混ぜる。

1

ヨーグルトとキャラメルバナナのパフェ

キャラメルバナナのほろ苦さとヨーグルトがよく合います。
グラノーラでアクセントをつけた大人のデザート。
かなり濃厚なので、飲み会の後ならシェアするのがおすすめ。

材料 (2人分)

水きりヨーグルト（加糖）	150g
バナナ	2本
A ｜ グラニュー糖	50g
｜ 水	小さじ2
グラノーラ	適量
インスタントコーヒー（顆粒）	少々
ローズマリー	少々

作り方

1 バナナは乱切りにする。

2 フライパンにAを入れて弱火にかけ、ブクブクしてきつね色になるまで触らずにそのまま加熱する。色づいてきたらゆっくりとフライパンを回し、色を均等にする。濃いめの茶色になったら火を止め、バナナを加えて絡める。

3 再び弱火にかけ、やさしく上下を返しながら1分ほど加熱し、火を止めてそのまま粗熱を取る。

4 グラスにヨーグルト、3、グラノーラを交互に重ねる。最後にインスタントコーヒーを潰しながらかけ、ローズマリーを飾る。

りんごのキャラメルソテー
バニラアイス添え

熱々のりんごのソテーとひんやりアイスがよく合います。
砕いたクッキーがカリカリとした食感のアクセントに。
ペロッと食べ終わってしまう、大人のデザートです。

材料 (2人分)

りんご	½個
A グラニュー糖	10g
水	小さじ½
バター（食塩不使用）	5g
バニラアイス	適量
ロータスビスケット	4枚
シナモンパウダー、ローズマリー	各適量

作り方

1 ビスケットは、粗く砕いて器に敷く。

2 りんごは皮を剥いて4等分のくし形に切り、芯を除く。耐熱皿に並べ、ふんわりとラップをかけて電子レンジで約1分30秒加熱する。

3 フライパンにAを入れて弱火にかけ、そのまま触らずに加熱する。カラメル色になったら火を止め、バターを加えて混ぜる。バターが馴染んだら2を加えて弱火にかけ、全体に焼き色がつくまで焼く。

4 1の器に盛り、バニラアイスをスプーンで形作りながらのせる。シナモンをふり、ローズマリーを飾る。

Column 02　おすすめのクラフトジンとウイスキー

Recommended
craft gin & whiskey

家に30本近くある蒸留酒。中でも特にお気に入りのものをご紹介します。
どれもとても香りがいいので、飲む時はソーダ割りがおすすめです。

A
Nordés Atlantic Galician Gin
甘い香りが特徴のスペインのジン。ベースはアルバリーニョというぶどうのスピリッツ。フルーティーな香りで飲みやすい。／エムエスエンタープライズ　03-6240-6412

B
KANSAS Whiskey
バニラのような甘い香りが特徴のアメリカのウイスキー。ウイスキーが苦手な方でも飲みやすい。香水のようなボトルも特徴的。／著者私物　インターネット等で購入

C
Sabatini Gin
ロンドンの蒸留所で作られているジン。トスカーナのハーブとスパイスをたっぷりと使用した、香水のようなよい香りが特徴。／武蔵屋　0120-11-6348

D
Clover Gin Lucky4
大好きで、すでに8本くらい開けているベルギーのジン。とても華やかな香りで、ジンが苦手という人にもぜひ飲んでもらいたい1本。／アレグレス　050-3520-8998

E
Reid+Reid Barrel Aged Gin
樽熟成なので、ジンなのに褐色というめずらしいニュージーランド生まれのジン。深い味わいで、少しレモンを搾ってもおいしい。／ヴァイアンドフェロウズ　06-6170-7870
※在庫がなくなり次第販売終了

F
KYRÖ gin
コリアンダーシードの爽やかなフレーバーを楽しめる、フィンランドのジン。ソニック（ソーダ+トニック）で割るのもおすすめ。／リカーズハセガワ本店　03-3271-8747
※アルコール度数は46.3%から42.6%へ変更予定

Chapter 7

ドリンク

drink

すっきりとしたのどごしの
カクテル風のドリンクは
食事にも合わせやすいです。
お酒があまり得意でない人なら
ノンアルのモクテルはいかが？
楽しかった時間の余韻が
長く続きますように。

きゅうりのジントニック

きゅうりが爽やかに香るジントニック。
夏におすすめです。

材料（容量360mlのグラス1杯分）

きゅうり（ピーラーで縦にスライス） ———————— 2枚
氷 —————————————————————— 適量
ジン ——————————————————————— 30ml
トニックウォーター ———————————— 40ml
炭酸水 ———————————————————— 80ml
ライム —————————————————————— ⅛個

作り方

1 グラスの内側にきゅうりを貼りつける。

2 1に氷をグラスいっぱいに入れ、ジン、トニック
   ウォーター、炭酸水の順に加え、ライムを搾って
   実ごと入れ、軽く混ぜる。

ピンクグレープフルーツの
カクテル&モクテル

ほんのりビターなグレープフルーツのカクテル。
ウォッカを除けば、モクテルというノンアルカクテルになります。
ローズマリーの香りがおいしさを引き立てます。

材料（容量360㎖のグラス1杯分）

ピンクグレープフルーツジュース ―――――― 50㎖
氷 ―――――――――――――――――――― 適量
ウォッカ ――――――――――――――――― 30㎖
炭酸水 ―――――――――――――――――― 30㎖
トニックウォーター ―――――――――― 20㎖*
ローズマリー ―――――――――――――― 1枝
ピンクペッパー ――――――――――――― 少々

*甘さを控えめにしたい場合は、トニ
　ックウォーターを入れずに炭酸水を
　50㎖にしてください。

作り方

1　グラスいっぱいに氷を入れる。

2　ウォッカ(モクテルの場合は加えない)、ピンクグレ
　　ープフルーツジュース、炭酸水、トニックウォー
　　ターを順に加え、ローズマリーをさして軽く混ぜ、
　　ピンクペッパーをちらす。

基本のモヒート&ノンアルモヒート

シンプルな基本のモヒートは、爽やかで暑い日にぴったり。
季節に合わせてフルーツを変えるのもおすすめです。

材料（容量360mℓのグラス1杯分）

スペアミントの葉 ———————————— ひとつかみ
ライム ———————————————————— ¼個
グラニュー糖 ———————————— 大さじ1(好みで)
ホワイトラム ———————————————— 45mℓ
炭酸水 ———————————————————— 適量
クラッシュアイス ——————————————— 適量
スペアミントの葉(トッピング用) ——————— 少々

作り方

1　グラスにスペアミント、ライム、グラニュー糖を
　　入れ、スプーンなどで10回ほど潰す。ホワイト
　　ラムを加える(ノンアルの場合は入れない)。

2　1のグラスいっぱいにクラッシュアイスを加え、
　　全体を混ぜる。氷の量が少し減ったらその分足し、
　　炭酸水をやさしく注ぐ。

3　1周だけやさしく混ぜ、スペアミントを飾る。

memo

　　上記のレシピをベースに、ライムをキウ
　　イフルーツやいちご、オレンジなど、好
　　きなフルーツに代えても(P114の写真
　　右)。フルーツを入れる場合は、炭酸水
　　の代わりにトニックウォーターを使うの
　　がおすすめ。

自家製ジンジャーエール

ジンジャーシロップは手作りも意外と簡単。
作っておけば、好きな時に好きなぶんだけ飲めてぜいたくです。
スパイスの量はお好みで変えてもOK。

材料 (容量300mlのグラス1杯分)

【ジンジャーシロップ(でき上がり約700ml)】
- しょうが —————— 500g
- きび砂糖 —————— 500g
- A
  - カルダモン(ホール) —— 8〜10 粒
  - クローブ(ホール) —— 16〜20 粒
  - シナモンスティック
    —— 3本(シナモンパウダー適量でも可)
  - 赤唐辛子 —————— 1本
  - 粗びき黒こしょう —— 大さじ 2
- レモン汁 —————— 50ml

- 氷 —————————————— 適量
- ジンジャーシロップ —— 大さじ 3〜4
- 炭酸水 —————————— 180ml

作り方

1 ジンジャーシロップを作る。しょうがは薄切りにして鍋に入れ、きび砂糖を加えてサッと混ぜ、そのまま 30 分ほど置く(水分が出てくる)。

2 A を加えて中火にかけ、煮立ったら弱火にし、15 分ほど煮る。火を止めてレモン汁を加えて混ぜる。粗熱が取れたら清潔な保存瓶に移す(冷蔵庫で約 2 週間保存可)。

3 ジンジャーエールを作る。グラスいっぱいに氷を入れ、ジンジャーシロップ(しょうがやスパイスを入れてもOK)を加える。炭酸水を注ぎ、軽く混ぜる。

 memo
冬はお湯割りにするのもおすすめ。

スパイスレモンサワー

凍らせたレモンを氷代わりに使うから、
溶けても薄まらず、最後までおいしさそのまま！
カルダモンが爽やかに香ります。

材料（容量360mℓのグラス1杯分）

国産レモン（冷凍する分）——————————— 1 個
国産レモン（搾る分）——————————— ¼ 個
焼酎 ——————————— 30mℓ
カルダモンパウダー（好みで）——————————— 少々
炭酸水 ——————————— 140mℓ

作り方

1　レモンはよく洗い、冷凍用のレモンは4等分の
くし形に切ってから横に半分に切り、保存袋に入
れて冷凍する。

2　グラスに凍らせたレモン、焼酎を入れ、生のレモン
を搾り、炭酸水を注ぐ。好みでカルダモンパウダー
をふる。

フラワーカクテル&モクテル

華やかなエディブルフラワーやハーブ入りの氷が可愛いクランベリーのカクテル。
ハーブはミント、タイム、ローズマリーなど、お好きなものをどうぞ。
ホームパーティーで注目されること間違いありません。

材料（容量600㎖のグラス1杯分）

エディブルフラワー	適量
好みのハーブ	適量
水	適量
クランベリージュース	30〜50㎖
ウォッカ	30㎖
炭酸水	70㎖

作り方

1 製氷皿にエディブルフラワー、ハーブを入れ、水
　を注いで冷凍庫で凍らせる。

1

2 グラスに1を入れ、クランベリージュース、ウォ
　ッカ（モクテルの場合は加えない）、炭酸水を注ぐ。

りんごのカクテル＆モクテル

シナモンをきかせたりんごのカクテル。
ほっとする味わいです。

材料（容量250mℓのグラス1杯分）

ウォッカ ———————— 30mℓ
りんごジュース ———————— 60mℓ
炭酸水 ———————— 60mℓ
氷 ———————— 適量
シナモンスティック ———————— 1本
ローズマリー ———————— 1枝

作り方

1　グラスに氷を入れ、ウォッカ(モクテルの場合は加えない)、りんごジュース、炭酸水の順に加え、軽く混ぜる。

2　シナモンスティックとローズマリーを添える。

ハーブティー

余ったハーブたちは熱湯を注げば、おいしい食後のお茶に。
ハーブによって変わる、香りの違いを楽しんで。

材料

フレッシュハーブ
(タイム、ローズマリー、ディル、バジルな
ど料理で余ったもの)、熱湯
———————— 各適量

作り方

1 料理で使って余ったハーブをティー
  ポットに入れる。

2 熱湯を注いで5分ほど置く。

INDEX

アートディレクション	細山田光宣
デザイン	鎌内 文、橋本 葵（細山田デザイン事務所）
撮影	小野博史、Ai Horikawa
スタイリング	Ai Horikawa
調理	山本 彩、Ai Horikawa
アシスタント	青木楓華
編集協力	久保木 薫
校正	麦秋新社
編集	安田 遥（ワニブックス）

なんでもない日の
洋風ごちそうおつまみ

Ai Horikawa 著

2023年10月2日　初版発行

発行者　　横内正昭

編集人　　青柳有紀

発行所　　株式会社ワニブックス
　　　　　〒150-8482
　　　　　東京都渋谷区恵比寿4-4-9　えびす大黒ビル
　　　　　ワニブックスHP　http://www.wani.co.jp/
　　　　　（お問い合わせはメールで受け付けております。
　　　　　 HPより「お問い合わせ」へお進みください）
　　　　　※内容によりましてはお答えできない場合がございます。

印刷所　　凸版印刷株式会社

DTP　　　株式会社明昌堂

製本所　　ナショナル製本